AF244729

T 27
— n. 1568.

NOTICE BIOGRAPHIQUE

SUR

ANDRÉ PALLUAT DE BESSET

BIBLIOTHÈQUE IMPÉRIALE

« In omni ore, quasi mel, inculcabitur memoria ejus. »

(Eccli.)

PARIS

TYPOGRAPHIE DE HENRI PLON,

IMPRIMEUR DE L'EMPEREUR,

RUE GARANCIÈRE, 8.

1861

NOTICE BIOGRAPHIQUE

SUR

ANDRÉ PALLUAT DE BESSET.

L'amitié a inspiré cette notice. Tous ceux qui ont connu André ont exprimé le désir de conserver quelques traits de la physionomie à la fois vive et douce de ce jeune homme, dont la fin prématurée a brisé tant d'espérances et laissé de si profonds regrets. Il a suffi de recueillir le souvenir de ses amis pour apprécier combien il était aimé, et quelle heureuse influence a exercée cette pure et rapide existence de vingt ans. J'ai lu avec une pieuse fidélité ce qui est resté de ses notes diverses, de ses pensées intimes; ce sont ces pensées, ces sentiments, cette charmante mémoire d'une âme élevée, d'une nature sérieuse, que j'aimerais à faire revivre et à laisser comme une suprême consolation à sa famille, comme un modèle à ses jeunes amis.

Il y a malheureusement de nos jours une jeunesse

qui mérite de sévères avertissements : elle se livre à la poursuite des jouissances matérielles avec un tel oubli de la grandeur morale et du véritable amour, qu'elle en perd le charme si pur d'une vie qui sait s'élever aux sublimes spéculations de la pensée et s'ouvrir aux délicates aspirations du cœur. Mais il serait injuste de méconnaître qu'aujourd'hui aussi il se forme, dans le silence et le travail, une autre jeunesse forte et généreuse, dont les goûts, les instincts, les principes sont des espérances pour l'avenir. André Palluat appartenait à cette jeunesse d'élite, et c'est à elle que nous offrons cette notice.

Un sentiment profond du devoir, un goût délicat pour tout ce qui tenait aux arts, ouvraient l'âme d'André aux pensées généreuses et élevées. Dévoué jusqu'à l'oubli de soi, jamais il ne refusait un sacrifice à l'amitié; son âme ardente et affectueuse aimait avec tendresse, et il se donnait avec cette spontanéité désintéressée qui fait le charme de la jeunesse. Son caractère ferme sans roideur, vif sans emportement, laissait toujours apercevoir un fond de bonté et de bienveillance qui inspirait la confiance. Plein de lumière et de feu, son regard fascinait; la grâce, la pureté et la vie éclairaient toute sa physionomie. Il se livrait à l'étude avec passion; ses goûts sérieux, son inclination au bien, sa tendresse de sentiments, se révélèrent en lui dès son enfance.

André naquit à Saint-Étienne le 17 juillet 1838.

La famille Palluat de Besset, originaire de la Bresse, s'établit dans le Forez à la fin du seizième siècle, et ne quitta plus cette province jusqu'à la fin du dix-huitième siècle, époque de la mort du bisaïeul d'André.

Nous trouvons le grand-père d'André à l'assemblée de la noblesse du Forez, tenue à Montbrison le 18 mars 1789, afin d'élire des députés aux États généraux.

La branche aînée des Palluat, éteinte depuis le dernier siècle, avait suivi la carrière des armes au service de la maison de Savoie pendant plus de trois siècles.

Les Palluat servirent aussi la France; car, après la bataille de Moncontour, où un membre de cette famille était mort en combattant pour le roi contre les huguenots, le comte de Tavannes écrivait au père du jeune gentilhomme : « *La vaillance de votre fils était d'exemple, je trouve bien à redire de lui, car certes il était bon et fidèle serviteur du roi.* »

Si le roi était fidèlement servi, Dieu n'était pas oublié dans cette noble maison. En 1731, une arrière-grand'tante d'André, Jeanne-Marguerite Palluat de Besset, mourait en odeur de sainteté au couvent de la Visitation de Montbrison, fondé par son zèle.

Ces traditions de famille sont encore pieusement conservées aujourd'hui, et je me plais à les rappeler parce qu'elles ont puissamment contribué à développer le caractère d'André, qui n'oublia jamais que *noblesse oblige.*

Élevé par les soins vigilants d'une mère chrétienne et vraiment pieuse, André puisa à ce foyer de l'amour maternel une grande délicatesse de sentiments. Cette éducation, sans jamais affaiblir son âme, mêla à la fermeté naturelle de son caractère l'attrait de la douceur.

Dès l'âge de huit ans, il écrivait à sa sœur aînée une lettre où sont exprimées les plus aimables qualités du cœur :

« MA CHÈRE AIMÉE,

» Je suis bien content de te donner de mes nouvelles; je me porte bien, ainsi que maman, papa et Joseph. Tu n'oublieras pas d'écrire au frère le jour de sa fête; j'ai cherché ce que Joseph aime le mieux, et je crois qu'un joli porte-plume, avec un cachet à son chiffre, lui ferait grand plaisir. Écris-moi, si tu penses que ce soit assez joli.

» Qu'il sera content, ce gros Joseph que nous aimons tant et qui le mérite si bien! Quand nous serons grands, nous ne nous brouillerons jamais

» J'ai commencé la géographie; je suis comme toi, je ne l'aime pas beaucoup; j'aime mieux la grammaire et le catéchisme, je les trouve plus faciles; et j'espère commencer mon latin cette année.

» Je vais me promener au Coin (1) et ramasser des violettes pour te guérir si tu es enrhumée au jour de l'an.

» Julie est toujours à Saint-Martin ; elle va mieux.

» Je suis bien content de faire mon *Jubilé*, je serai bien sage à présent, et maman sera bien contente de moi.

» Adieu, bonne petite sœur, je t'embrasse comme je t'aime.

» André Palluat. »

A l'occasion de ce jubilé dont il parle à sa sœur, André était allé se confesser et avait pris la résolution d'être bien sage. Au retour de l'église, il vint embrasser gaiement sa mère et lui dire tout son bonheur ; puis, prenant un cahier qui se trouvait sous sa main, il le jeta au feu. Madame Palluat lui en demandant la raison : « Maman, répondit André, c'est le petit cahier de mes notes, il y en a de mauvaises ; mais puisque le bon Dieu m'a tout pardonné, vous me pardonnerez bien aussi, n'est-ce pas ? »

Dès lors André se consacra d'une manière plus spéciale à la sainte Vierge ; il porta toujours le scapulaire et une médaille, et ce fut avec une con-

---

¹ Le Coin est le nom de la belle habitation que possède la famille Palluat, à peu de distance de Saint-Étienne.

fiance plus filiale qu'il implora la protection de cette Mère du ciel, qu'il avait appris à invoquer dès son plus bas âge.

Un jour qu'il était au Coin, il jouait avec son frère auprès d'un bassin profond qui heureusement se trouvait alors à sec. Joseph, courant étourdiment sur les bords, tomba sur les dalles du fond. Aussitôt André, qui n'avait que cinq ans, accourt, se jette à genoux et s'écrie : « Joseph, prie la sainte Vierge, et tu ne mourras pas. »

La bonté de son cœur s'épanchait sur tous, et il n'y avait pas jusqu'aux serviteurs qui lui donnaient leurs soins qui ne reçussent déjà les plus touchants témoignages de sa reconnaissance. Une des domestiques étant atteinte d'une fièvre typhoïde, on jugea prudent de ne pas permettre à l'enfant de la voir. Alors André va et vient autour de la chambre ; il cherche jusqu'à ce qu'ayant découvert une galerie, il grimpe et se cramponne à une fenêtre ; de là, le visage collé sur la vitre et les yeux fixés sur la malade : « On m'empêche de te voir, lui cria-t-il, mais, va, d'ici je te verrai bien. »

Dans une autre circonstance, il entendait dire autour de lui que sa bonne avait des frissons. « Elle a donc froid ? dit André ; Marie, donne-lui mes couvertures ; j'aurai assez, moi, de mon drap. »

Aussi tous les serviteurs de la maison chérissaient cet enfant, et ils ne l'appelaient plus que le bon

M. André. Lorsque plus tard la mort frappa soudainement André à Paris, loin de sa famille, ce fut une de ses bonnes que la Providence envoya pour veiller auprès de son corps. Pendant plusieurs jours, Julie, qu'il nomme dans sa première lettre à sa sœur, resta à genoux tout en larmes, parlant de son jeune maître avec cette tendresse qui mêle au respect des vieux serviteurs le doux sentiment de la famille.

André avait dix ans lorsqu'il commença ses études de latin. On lui donna un précepteur ecclésiastique, qui ne le quitta plus jusqu'à l'achèvement complet de ses études.

Cet ecclésiastique venait d'être ordonné prêtre. Son esprit cultivé lui permettait de suivre ses élèves, Joseph et André, dans toutes les branches de l'enseignement classique. Jeune encore, le cœur affermi et embaumé par cette douce et solide piété qu'on respire pendant le noviciat du sacerdoce, l'âme ardente et pleine d'une vie qui cherche à se communiquer, il allait devenir le précepteur, l'ami, le père de ces chers enfants.

André fut heureux de sentir autour de lui cet appui et ce secours, surtout lorsqu'il fallut penser à la première communion. Le pieux enfant se prépara à cet acte si important de la vie chrétienne avec une foi et un amour que faisaient pressentir les dispositions de son enfance.

Après s'être confessé et avoir reçu l'absolution

comme préparation à la communion du lendemain, André était allé se prosterner au pied de l'autel de la sainte Vierge pour lui confier ses résolutions. Il priait, la tête inclinée depuis quelque temps, lorsque son précepteur s'approchant pour l'engager à se relever, voit le visage de l'enfant tout inondé de larmes; et comme il semble demander la cause de ses larmes, André répond en poussant un profond soupir : « Ah! monsieur, je suis si fâché d'avoir offensé le bon Dieu ! »

Après sa première communion, André ne se considéra plus comme un enfant. On le vit se développer tous les jours plus studieux, plus pieux, plus aimable avec tous. Il allait travailler à devenir *un homme.*

Sans une piété éclairée, ferme et constante, il est impossible qu'un jeune homme conserve longtemps non pas seulement la candeur de l'âme, mais l'intégrité de la vertu. André fixa dès lors ses devoirs envers Dieu, et leur donna la première part de son temps dans son règlement de vie. Tous les jours, outre ses prières du matin et du soir, il faisait une courte lecture de piété et disait, au moins, une partie de son chapelet. Jamais il ne se couchait sans avoir baisé son scapulaire et sa médaille en récitant un *Memorare.* Cette piété trouvait son application dans la visite des pauvres; il aimait à secourir les malheureux, montait jusqu'aux galetas, descendait dans les caves les plus humides, distribuait des bons de pain, de viande et de charbon, donnait des vêtements, ajoutait une petite somme pour aider à payer le loyer, sans oublier d'accompagner ces aumônes d'une parole de consolation et de bonté. Il prélevait toujours, sur ses étrennes et sur les autres dons qui entretenaient sa cassette, la part des pauvres; et toutes ces œuvres de charité lui donnaient tant de bonheur, qu'il en faisait ses meilleures heures de récréation. Aussi, les plaisirs des vacances, les distractions des voyages ne lui faisaient-ils oublier ni ses pauvres ni ses exercices de piété.

Vers l'âge de quatorze ans, des maux de tête violents l'obligèrent d'interrompre ses études pendant plus de deux ans. Il souffrait sans se plaindre, et ce n'était qu'à l'altération de ses traits qu'on pouvait deviner ses souffrances. Lorsqu'on l'interrogeait sur son état, le plus souvent il se contentait de répondre : « Il faut aimer la volonté de Dieu. » Dans ses plus violents accès, il répétait avec calme : « Mon Dieu, je vous offre ce que je souffre. » Tout travail sérieux lui fut interdit.

Afin de ne pas rester oisif pendant ce temps de repos, il chercha quelques distractions agréables, mais utiles; il étudia l'histoire naturelle et se forma une intéressante collection de coquillages et d'insectes qu'il classa avec goût et méthode.

Deux ans de suite, les médecins lui ordonnèrent

les bains de mer; ce traitement eut les plus heureux effets. Éloigné pour quelques semaines de son frère et du prêtre qui le dirigeait, il écrivit à son cher Joseph les lettres les plus tendres. Son précepteur lui ayant annoncé qu'il ne pouvait encore aller le rejoindre, il lui envoya ce petit billet :

« Je voudrais que le flot dont je me sens bercé
» A l'instant vous portât le trait qui m'a percé,
» Et revînt, avec vous, à mon âme oppressée,
» Ramener le bonheur dont elle est délaissée.
» Qu'il est heureux, l'enfant qui voit son précepteur
» Toujours à ses côtés, jamais loin de son cœur ! »

Le désir de continuer ses études le poursuivait toujours. Dès qu'il se sentit un peu mieux, il écrivait: « Je vais bien travailler pour développer mon intelligence et n'être plus si ignorant. »

Sa santé s'affermit, et il put reprendre le travail. Son ardeur à s'instruire le rendait très-exact dans l'emploi de son temps, et jamais il n'était nécessaire d'avoir recours aux punitions pour exciter son activité. Les succès qu'il obtint couronnèrent sa persévérance. Son esprit, en acquérant des connaissances plus étendues, devint aussi plus souple, plus sûr de lui-même. La littérature légère et frivole n'avait pour lui aucun attrait, il cherchait avant tout la pensée sous la forme. La maturité de son esprit et la pureté de son goût lui faisaient préférer les grands auteurs du dix-septième siècle, ces maîtres de la saine philosophie et de la belle littérature.

Il possédait déjà parfaitement le latin et il écrivait élégamment dans cette langue. Ses essais de composition française respirent la noblesse et l'élévation. Son style est concis, d'une allure vive et ferme.

Sa piété ne souffrit pas de cette ardeur pour l'étude, et le fonds excellent de ses qualités naturelles se développa sous la double influence de la religion et du travail.

A l'âge de dix-sept ans il entra, à Saint-Étienne, dans la société de Saint-Vincent de Paul, et dès ce moment toutes ses économies furent pour les pauvres. Il voulut même contribuer, avec son frère Joseph, à fonder l'hôpital de Nervieux.

Il n'entreprenait rien, ne faisait aucune composition, ne passait aucun examen, sans tout remettre entre les mains de la sainte Vierge ; la veille de ses épreuves du baccalauréat, il alla simplement faire brûler un cierge devant l'autel de la bonne Mère. Il aimait à servir la sainte messe ; le respect humain ne l'arrêta jamais dans la profession publique de sa foi. Son jugement sûr le faisait déjà prendre pour conseiller par ses jeunes amis ; son humeur égale et douce portait les cœurs à la confiance ; mais sa modestie se troublait de ces témoignages d'estime, et lorsque dans la famille même on lui demandait son avis, il répondait doucement en se retirant et en montrant son frère aîné : *Allez à Joseph.*

Ses goûts étaient simples, éloignés de tout luxe. Il n'ignorait pas qu'il serait un jour à la tête d'une grande fortune, mais il ne s'en réjouissait qu'en y voyant un moyen de faire le bien. Toujours sa bourse était trop pleine pour ses besoins personnels et ses désirs.

Fidèle aux traditions de sa famille, il se destinait à la magistrature. La pensée de servir son pays l'animait et lui donnait un double courage pour le travail. Ses convictions, en matière politique, étaient déjà aussi arrêtées que son caractère; son esprit ne se laissait séduire ni par les illusions de cœurs généreux mais naïfs, ni par les théories de rêveurs sans expérience; la trop facile acceptation de faits accomplis indignait sa fierté. La pensée du devoir et du droit dominait toute sa vie, et aucun sacrifice n'aurait coûté à son âme pour rester fidèle *au droit malheureux et vaincu.*

Tel était André lorsqu'il vint à Paris. Fidèle à l'honneur, plein de foi, de jeunesse, de talents, de bonne volonté.

C'est toujours une époque dangereuse pour un jeune homme que celle où il commence à sentir qu'il a droit à quelque indépendance, et que son âge lui permet d'en user avec une plus large responsabilité. Devenir maître de ses actions, vivre par soi-même en homme et non plus en écolier, voilà une épreuve pleine de périls. Heureux ceux qui se possèdent assez pour ne pas se laisser aller à l'enivrement de la liberté. C'est alors surtout qu'une âme a besoin d'un ami qui l'éclaire et la fortifie, qui possède son affection et sa confiance, car c'est l'heure solennelle où elle regarde autour de soi pour choisir sa voie et s'y engager. Il faut au jeune homme un ami qui ait expérimenté la vie, et dans le sein duquel il verse ses désirs, ses illusions, ses projets, ses déceptions, ses ambitions, toute cette surabondance de vie nécessairement grosse d'orages.

Mais si ces jours de transition sont difficiles pour celui même qui vit au sein de la famille, ils deviennent plus dangereux encore lorsqu'on est isolé des siens; la famille, les amis, le milieu dans lequel nous vivons, composent la moitié de notre force et de notre vertu. Aussi, lorsque privé de cette protection qui le soutient, l'enveloppe, l'empêche de tomber, un jeune homme se trouve tout à coup jeté seul dans Paris, il se sent chanceler. La tentation est terrible : il habite où il veut, choisit sa table où il veut, se promène où il veut, parle à qui il veut, fréquente qui il veut. Livres, cercles, théâtres, bals, musées, tout lui est ouvert. Il est *entre les mains de son conseil.*

M. et madame Palluat ne voulurent pas exposer leurs enfants à ce genre d'épreuve. Ils se décidèrent à conserver auprès de Joseph et d'André le précepteur qui avait été leur ami jusqu'alors. Madame Palluat elle-même venait passer auprès de ses enfants la plus grande partie de l'hiver, vivait au milieu d'eux, et continuait ainsi à Paris la vie de Saint-Étienne, tout en laissant à ses fils la liberté nécessaire à de jeunes hommes que doit désormais former l'expérience de la vie.

C'est dans la rue Honoré-Chevalier, une de ces rues qui relient le quartier Latin au faubourg Saint-Germain, tout près de Saint-Sulpice, que madame Palluat choisit un appartement pour elle et pour ses fils. Ce quartier est presque une solitude au milieu du grand bruit de Paris. La vie y est plus simple et plus tranquille, c'est l'asile de l'étude et de la piété. Les magistrats, les professeurs, les gens de lettres, les savants, la noblesse, se donnent rendez-vous de ce côté de la Seine; et la paroisse Saint-Sulpice surtout offre la réunion de ces éléments divers. La physionomie générale, même parmi le peuple, a une expression de simplicité, de sérieux et de religieux qu'on ne retrouverait nulle part ailleurs dans le nouveau Paris.

Madame Palluat, voulant que ses fils fussent agréablement installés, loua un appartement complet. Elle leur donna tout un train de maison. Joseph et André pouvaient recevoir leurs amis et former ainsi une réunion de bons jeunes gens qui se soutenaient entre eux et se fortifiaient dans le bien : les deux frères voulaient être à Paris ce qu'ils avaient été à Saint-Étienne.

Ils avaient sous les yeux, d'un côté, des jeunes gens riches comme eux, mais sans connaissances sérieuses, sans amour du travail et du devoir, passionnés pour les plaisirs, le luxe, les chevaux, les théâtres, les bals, dissipant à la fois santé, fortune, esprit, cœur, honneur : à vingt-cinq ans vieillards prématurés. D'un autre côté, ils remarquaient une jeunesse fidèle aux nobles traditions, jalouse de conserver ou de conquérir un rang dans la société par la science et le mérite ; se mêlant à la vie des salons avec mesure et respect de soi-même ; passant, sans rougir de la foi, d'une assemblée de Saint-Vincent de Paul à un cercle littéraire, et agissant toujours avec cette fière indépendance qui est la gloire de la jeunesse chrétienne de Paris. C'est là qu'ils choisirent leurs amis.

André, après avoir heureusement subi les épreuves du baccalauréat ès lettres, se traça aussitôt un règlement de vie qui fixait l'emploi de son temps.

Outre ses études de droit et les cours qu'il suivait avec exactitude, il consacrait plusieurs heures à la littérature, à la philosophie, et il dérobait ce temps à ses récréations, à ses repas, à ses plaisirs, à son sommeil. Il quittait souvent ses amis le soir, lorsque la conversation ou la promenade se prolongeaient trop, et il se ménageait ainsi quelques heures de plus pour le travail. Comme il souffrait encore de la tête, on aurait voulu modérer cette ardeur pour l'étude; mais il avait toujours les meilleures raisons à opposer aux observations pleines de sollicitude qui lui étaient faites. D'une organisation nerveuse, il joignait à sa sensibilité exquise une grande timidité naturelle. Cette timidité était telle, qu'il avait grande peine à se montrer lui-même au moment des examens. Aussi pour se vaincre et dompter la nature, il se livrait à un travail opiniâtre, tant il était jaloux de ses succès d'étudiant.

Tout entier à ce qu'il voulait, il ne faisait rien à demi. Mais son naturel gai, ouvert et aimable, n'était nullement altéré par cet amour des études sérieuses.

Quelles bonnes soirées il passait dans ce salon de la rue Honoré-Chevalier! Là se réunissaient quelques amis, la plupart ses compatriotes; le temps s'écoulait en conversations sérieuses ou gaies, jamais indignes de jeunes gens chrétiens. Si quelquefois la parole semblait descendre jusqu'à être légère, on voyait André se taire, devenir sérieux, et quelquefois même, par un mot, tout arrêter et changer la conversation. « C'est le plus jeune, disaient souvent ses amis, mais c'est le plus sage. » Sa vertu cependant n'avait rien qui pût être une gêne pour ceux qui vivaient avec lui. Il se faisait tout à tous, et sans prétendre le rôle de donneur de conseils, sans critiquer la conduite de personne, il se contentait d'édifier par ses exemples. Si quelquefois il se permettait de donner un avis à un de ses amis, c'était toujours avec tant de douceur, d'affection et d'oubli de lui-même, qu'on acceptait sans peine et même avec reconnaissance toutes ses paroles. Il faisait le charme de cette réunion d'amis. Il ne parlait jamais de ses travaux, s'oubliait pour les autres et se dévouait à tous. Sa conversation spirituelle apportait de la gaieté et de l'entrain partout où il se trouvait. Ses saillies vives et originales n'allaient jamais jusqu'à blesser, même quand il se laissait le plus aller à la verve de son esprit. La grande bonté de son âme arrêtait à temps tout ce qui aurait contristé le cœur de ceux qu'il frappait. Il prenait d'ailleurs très-joyeusement lui-même la plaisanterie. Son humeur, toujours égale, finissait par rendre la sérénité à ceux-là mêmes dont l'amour-propre froissé aurait pu s'affliger.

Son esprit délié et subtil se plaisait dans la dialectique, les abstractions de la métaphysique, la théodicée et la psychologie. Il discutait avec plaisir, et les discussions montraient tout le sérieux de cette jeune et forte intelligence. Il aimait surtout Platon. Les *Offices* de Cicéron lui étaient tellement familiers, qu'il pouvait en citer de mémoire les endroits marqués d'un cachet particulier de grandeur dans la pensée et d'élévation dans les sentiments. Il se plaisait à constater, dans les Lettres de Sénèque, l'influence du christianisme; et ses amis ont admiré souvent avec quelle perspicacité il rappelait, à l'occasion, de nombreux passages d'auteurs profanes pour les juger à la lumière de la sainte Écriture, de saint Paul surtout. Dans ces moments, son visage rayonnait, et, plein d'enthousiasme, il se laissait aller à ces inspirations de jeunesse qui ont un charme si ravissant. Le Collége de France et la Sorbonne avaient leurs jours qu'il ne manquait jamais. A la Sorbonne, il avait choisi pour la philosophie le cours de M. E. S.... On y commentait Platon; mais les commentaires du professeur blessaient souvent sa foi, et il s'indignait de ces attaques ironiques et haineuses au nom des droits de la raison contre les prétendues exigences du catholicisme. « Quand me sera-t-il donné, disait-il souvent en sortant de ces cours, de défendre la vérité? Pourquoi garde-t-on le silence, lorsque ce que nous avons de plus sacré, la Bible, l'Évangile, les Pères de l'Église, sont en pleine Sorbonne livrés à l'insulte! » Pour fortifier sa raison contre ces enseignements hostiles, il suivait avec fidélité les Conférences du P. Félix et du P. Gratry; il les analysait, les discutait avec ses amis, et il se préparait ainsi à se défendre contre les attaques de jeunes esprits forts.

Pour se former à l'art d'écrire, André suivit encore des leçons de haute littérature sous la direction de M. E. F..., et il fréquentait, comme délassement, les cours de M. Saint-Marc Girardin, à la Sorbonne.

Malgré ce vif désir d'apprendre et de s'instruire, André ne lisait pas indifféremment toutes sortes de livres. Jamais il ne se permettait la lecture d'un ouvrage qui attaquait la foi ou les mœurs.

Sa pureté et sa candeur résistaient à toutes les tentations : ni l'attrait de la nouveauté, ni la curiosité naturelle qui veut tout connaître ne firent fléchir son cœur.

La fermeté de ses principes, sa conscience droite et délicate, le sauvèrent toujours. « La moindre perte que l'on puisse faire en de pareilles lectures, disait-il, c'est la perte du temps! Quel vide dans ces livres! quel dégoût ils inspirent pour les études sérieuses! — Mais, lui répondait-on, ils ne sont pas sans intérêt, ils ont du style. — Cet intérêt est futile comme les sujets qu'ils traitent. Vous voulez du style! mais lisez donc les grands auteurs anciens et modernes. »

La littérature grecque lui était très-familière, et on est étonné de tous ses travaux sur Platon, Démosthène, Homère, Sophocle. Il fallait son invincible ardeur au travail pour mener ainsi de front toutes ces études.

Nous avons sous les yeux des notes de sa main, quelquefois écrites seulement au crayon, qui révèlent les plus sérieuses réflexions sur les auteurs qu'il lisait : Salluste, Cicéron, Sénèque, Quintilien, Juvénal, Tacite, Pline, Virgile, Horace, Térence, Bossuet, Corneille, Racine, Molière, Pascal, Fénelon, la Fontaine. C'est un plaisir d'y suivre les tendances de son esprit vers les grandes pensées qui détachent de la vie des sens; jamais un mot libre : tout y est pur et élevé.

En nous communiquant ces notes, M. l'abbé V... nous écrivait : « Toutes ces compositions littéraires, ces commentaires, nous rendent André tout entier. Elles le ressuscitent dans la partie la plus noble de lui-même. Lorsque je relis ses travaux, il me semble le voir assis à sa table d'étude; sa tête, où la pensée travaille, appuyée sur sa main, tandis que de l'autre il écrit ses impressions. Je le vois revenant des bibliothèques, où il avait pris son butin et recueilli ses matériaux. Il se préparait ainsi à la vie publique avec cette constance que surpassait encore la force de son caractère. »

Tous les ouvrages philosophiques de Bossuet, de Fénelon, de Malebranche, sont annotés, et il est à remarquer que ses observations ont trait surtout aux conséquences morales de la doctrine. Un jour, son précepteur le félicitait de cette tendance à voir le côté pratique et chrétien de la haute philosophie, et il lui exprimait sa joie de le retrouver toujours pieux et plus affermi que jamais dans ses convictions et ses pratiques religieuses. « Ah! monsieur, lui dit André, j'en remercie Dieu de tout mon cœur, mais si vous saviez ce qu'il m'en coûte de rester sage? J'ai un cœur ardent, des passions brûlantes; il faut maîtriser ces fougueux coursiers! » Et il lui montra ces lignes de Bossuet qu'il avait transcrites : « En » prenant les choses de loin, nous pouvons tenir en » bride les passions... mais si on laisse à la passion le » temps de faire toute son impression, il se fait sou- » vent en nous des agitations violentes dont l'âme » n'est plus maîtresse. »

Dieu fit la grâce à André de prendre toujours les choses de loin, et son âme resta maîtresse. Nous avons retrouvé sur les premiers feuillets d'un calepin destiné à conserver ses plus intimes pensées, quelques passages qui rendent très-bien les sentiments habituels de cette âme déjà si fermement attachée au devoir. Les premières lignes sont une prière : « Faites, ô mon Dieu, que ces pensées soient toujours conformes à votre sainte volonté, aux intérêts de ma patrie et de mon roi! »

On lit ensuite : « Si un jour, ce que je désire avec ardeur, je suis magistrat, plutôt que d'agir, de parler contre ma conscience, j'aime mieux mille fois mourir dans les fers. »

Et ailleurs :

« La solitude est mauvaise à celui qui n'y vit pas avec Dieu ; mais lorsqu'on a la vocation d'en haut, quelles jouissances ineffables n'éprouve-t-on pas dans la contemplation de la nature ! L'âme s'élève à Dieu, et en remontant des choses célestes à leur Créateur, elle grandit, se dégage peu à peu du corps, son tyran, et se trouve pour quelques instants toujours trop courts en face de la vraie grandeur, de la vraie beauté. » C'est ce mépris de tout ce qui passe, et cette aspiration habituelle vers une vie supérieure, qui lui faisaient parler de la mort avec une douce sérénité, et toujours comme d'un passage qu'il ne faut pas trop craindre.

Sous l'inspiration de ces idées chrétiennes, il avait placé au-dessus de son bureau de travail la belle gravure d'Ary Scheffer, représentant saint Augustin en extase à côté de sa mère, ravie elle-même dans la méditation de Dieu.

Cette grandeur de sentiments, cette exquise sensibilité d'âme, étaient jointes à une défiance extrême de lui-même.

Pour dominer la timidité de son caractère et se former à la vie publique, André voulut se mêler davantage aux hommes, afin de devenir lui-même *homme et être quelqu'un.*

Quelques jours avant d'aller rejoindre son frère

Joseph pour passer avec lui, à Saint-Étienne, les vacances de Pâques, il lui écrivait :

« Paris, 17 mars 1858.

» Mon cher Joseph,

. . . .

» Il viendra un temps, je l'espère, où, mûris par l'étude et les années, nous répondrons à l'appel de notre patrie. La Providence nous a placés dans une position avantageuse sous tous les rapports; il est de notre devoir d'en profiter, et de ne pas croupir dans une coupable et honteuse oisiveté, qui, en desséchant le cœur, fait peu à peu disparaître la plus simple notion de vérité religieuse. Tâchons donc, mon cher Joseph, comme L...... me le disait dans une lettre, tâchons d'être *quelqu'un*. Rien n'est plus vrai : à une époque où la foi s'en va, embrassons la croix avec amour; à une époque où la famille semble disparaître, resserrons-en les liens; à une époque où les opinions politiques s'éteignent et pâlissent, levons haut notre drapeau; peut-être on nous prendra en pitié : qu'importe, si nous demeurons fiers de notre devoir accompli! Tels sont les vœux que je t'adresse pour la Saint-Joseph, car nous ne sommes plus des enfants; nous devons commencer à comprendre notre métier d'homme, selon la grande et noble expression de Maine de

Biran. Jusqu'à présent, nous avons pu nous faire des vœux futiles, c'était de notre âge; mais maintenant que nous avançons à grands pas dans la vie, il nous faut penser et agir autrement.

» Je te souhaite aussi une bonne santé; je voue au diable tes maux d'estomac : il faut les noyer dans les marais de Beauvoir ou les semer sur les chemins du bois Clurieux; nous ne voulons plus les voir revenir à Paris. Le seul souvenir de la Salle me fait frissonner de plaisir : je ne sais si c'est l'impression de l'approche du printemps, mais je me rappelle ces heureuses années, hélas! trop tôt écoulées, où, jeunes et riants, nous respirions l'agréable odeur des fleurs de mai. Plus tard nous regretterons nos années de Paris : c'est ainsi que, mécontent du présent, on se reporte avec tristesse sur le passé, tout en regardant l'avenir avec espérance. Oui, derrière le voile de l'avenir, quelque sombre qu'il puisse être, se cache un brillant flambeau qui viendra nous éclairer et nous vivifier.

» Adieu, mon cher Joseph, je t'embrasse deux fois pour ta fête.

» Tout à toi.

» ANDRÉ. »

André avait alors vingt ans. Ses traits, mâles et accentués, étaient merveilleusement adoucis par une physionomie pleine de franchise et de bonté;

ses grands yeux noirs brillaient d'une lumière de jeunesse si vive, qu'on se prenait parfois à trembler en pensant que le corps serait trop fragile pour résister au mouvement de cette flamme de vie.

Dès ses premières apparitions dans les salons, tout le monde remarqua la modestie de ce jeune homme. Il écoutait beaucoup, parlait peu de lui-même ; mais son regard, sa tenue, cette distinction de la physionomie qu'une âme élevée exprime toujours, étaient, aux yeux de tous, un réflecteur de lumière et de vie.

Ces relations avec le monde n'offraient d'ailleurs aucun danger pour André ; il les choisissait sévèrement. Jamais il n'allait au théâtre que lorsqu'il connaissait la pièce ; et le chaste jeune homme avait une délicatesse de sentiments qui l'avertissait de tout ce qui aurait pu la blesser.

Un jour, il se laissa entraîner à un dîner de jeunes gens ; mais à peine entré dans le restaurant qui les réunissait, il vit que les jeunes gens n'étaient pas seuls. Aussitôt sa contenance devint grave, sa tenue à table fut sévère ; il sortit dès qu'il le put, et se promit de ne jamais se trouver dans de semblables réunions.

Toute son âme était à sa famille, au devoir, à Dieu.

Madame Palluat venait d'annoncer à ses enfants

son retour à Paris pour le mois de mai. Aussitôt André écrit à sa mère :

« Paris, 25 avril 1858.

» MA CHÈRE MÈRE,

» On nous a annoncé votre arrivée pour jeudi ou vendredi de la semaine prochaine. J'espère que vous ne tarderez pas davantage. Nous vous attendons avec impatience, ou plutôt nous vous désirons avec affection. Paris est aussi beau que possible; partout des lilas en fleur, et des marronniers blancs et roses; aussi sommes-nous beaucoup plus disposés à nous promener qu'à travailler; il faut pourtant se vaincre et s'adonner au droit : les examens sont un assez bon stimulant.

» Vous pouvez être tranquille sur notre petit pensionnat; il va assez bien, malgré l'absence de Mentor, qui a dû vous donner de bons renseignements. Notre réputation s'étend si loin, que M. D..... a jugé prudent de loger son fils au troisième étage de notre maison; nous ferons la fortune du propriétaire, qui n'y paraît cependant pas très-sensible.

» Toutes les dames que nous avons vues se plaignent de votre trop long séjour à Saint-Étienne ou à la Salle, car je suppose que vous y respirez le bon air du printemps. Madame de R..., madame de M..., qui a été charmante pour nous, vous attendent aussi. Je ne vous parle pas d'autres personnes ; il serait trop long de les énumérer, et surtout de les citer dans une lettre.

» Nous sommes impatients, ma chère mère, de vous voir au milieu de nous et de vous embrasser.

» Votre fils soumis,

» ANDRÉ. »

Mais ce retour tant désiré est encore retardé. André écrit une nouvelle lettre :

« MA CHÈRE MÈRE,

» Nous n'avions pas lieu de supposer votre incommode et singulière indisposition ; toutes nos pensées, au contraire, étaient dirigées vers la Salle ; nous vous y voyions, de bien loin, à vrai dire, présider aux jours pénibles mais joyeux de la fenaison. Je dis joyeux, car le temps est aussi favorable que possible, et je me rappelle qu'avec un si beau soleil tout le monde se réjouissait ; maître et valets, bêtes et gens, rentraient le soir harassés, mais contents. Nous n'avons pour nous rappeler ce temps, déjà loin, que les gazons du Luxembourg et le tableau de Rosa Bonheur ; mais tout cela nous donne une bien faible idée de la grande et vraie nature.

» Je m'arrête en aussi beau chemin : j'allais faire de la pastorale. Vous me pardonnerez ce petit écart, cette petite digression sur la campagne. Le pavé brûlant de Paris, l'atmosphère chaude et étouffée des salles de l'École de droit, et un examen à un horizon qui se rapproche de plus en plus, tout cela est bien propre à faire regretter les doux loisirs des champs. Je fais mon possible afin d'aller vous rejoindre à Saint-Étienne plus tôt que l'an passé. Je suis plongé dans le droit avec ardeur; mon temps se passe à aller au cours, du cours chez mon répétiteur, du répétiteur chez moi, où je travaille, avec V. de B..., en moyenne dix à onze heures par jour. Ce genre de vie, quoique pénible, ne m'ennuie pas. Le droit me plaît assez, l'examen seul me chagrine un peu. J'endosserai donc pour la première fois la robe crasseuse de l'aspirant avocat; j'espère que le rabat me portera bonheur, et m'aidera à trouver des idées devant mes trois juges.

» Adieu, ma chère mère; je vous quitte pour faire du droit avec V..., que j'entends dans l'appartement voisin.

» Embrassez bien notre père pour nous deux.

. » Votre fils soumis,

» ANDRÉ. »

Pendant cette absence de sa mère, André n'abusa point de sa liberté. Lorsqu'il lui venait quelque doute sur ce qu'il devait faire, il recourait avec la plus parfaite candeur prendre conseil du confesseur qui le dirigeait. André avait donné sa confiance à un prêtre de la communauté de Saint-Sulpice. Il se plaisait à le voir, à s'entretenir avec lui; et c'est à cette époque, quelques jours avant sa mort, que, dans un de ces entretiens intimes où le cœur s'épanche dans l'abandon de l'amitié, il avait formé tous ses projets pour l'hiver et arrêté ses résolutions.

Pendant le cours de cette même année, il avait suivi les Conférences du P. Félix, à Notre-Dame, les Entretiens du P. Gratry, à l'Oratoire; et son âme s'était fortifiée à ces leçons de l'enseignement catholique. Mais sa timidité n'était pas vaincue, et sa parole, si facile, si entraînante dans une réunion d'amis, ne savait plus rendre ses inspirations dès qu'il fallait se produire devant une assemblée peu connue.

Afin de travailler à se vaincre sous ce rapport, il voulut faire partie de la Conférence la Bruyère, et son premier travail littéraire fut une *Étude sur Vauvenargues*. André devait lire cette étude dans une des réunions de la Conférence; mais il ajourna sans cesse, et il ne put surmonter sa timidité.

L'hiver commençait à Paris; on était au mois de décembre 1858. Les deux frères, Joseph et André, se trouvaient pour la première fois tout à fait seuls; leur précepteur même n'était pas revenu. Madame Palluat avait dû retarder plus qu'à l'ordinaire son arrivée au milieu de ses enfants, et aux fêtes de Noël, les deux frères s'étaient préparés par la communion à la nouvelle vie plus libre et plus indépendante qui s'ouvrait devant eux.

La lettre qu'écrivit André, le 26 décembre, à M. l'abbé V..., exprime ses plus intimes pensées :

« Paris, 26 décembre 1858.

» CHER PROFESSEUR,

» Je suis, pensez-vous sans doute, coupable et très-coupable de ne pas vous avoir écrit plus tôt; j'en conviens; aussi je ne chercherai pas à me défendre. Dites-moi ce que vous voudrez; traitez-moi de paresseux, de vilain, etc.

» Cependant si je me hasardais à vous donner un peu les raisons de mon silence, les trouveriez-vous mauvaises? les repousseriez-vous? Assurément non; vous me connaissez trop : je suis franc et sincère. Eh bien donc, les voici : Je m'étais imposé la condition de ne pas vous écrire avant d'avoir une bonne nouvelle à vous annoncer. Vous devinez quoi? Mon examen, que j'ai passé avant-hier avec deux blanches et une rouge : cette dernière est venue, je ne sais pourquoi, ternir la blancheur virginale, qui est toujours le but que je voudrais atteindre dans mes examens. Mais je ne puis encore assez vaincre mon grand fonds de timidité; il faut pourtant que je finisse par le surmonter, et pour jamais.

» J'espère que vous approuverez bien cette première raison de mon silence; la seconde ne dépendait pas de moi, mais de M. Didot. Vous m'aviez parlé du Virgile : il vient de paraître, et pour preuve plus certaine, la poste va vous en porter un des premiers exemplaires : c'est un souvenir que vous accepterez, je pense, avec plaisir de la part de vos deux anciens élèves, qui ne vous oublieront certainement jamais.

» Je suis votre journaliste, dites-vous; je vais donc vous parler un peu de tout ce qui s'est passé à Paris depuis quelque temps. Les journaux, il est vrai, ont dû vous apprendre bien des choses, car je pense que vous les lisez, quoique mariste. Je me creuse donc la cervelle pour vous entretenir de quelques petits faits intéressants et qui n'arrivent pas aux oreilles de tout le monde.

» Vous avez eu connaissance de l'affaire M..., de sa condamnation et des éloquents plaidoyers qui n'ont pu le sauver de trois mois de prison? Dufaure et Berryer, en cette grande circonstance, se sont surpassés. L'opinion publique est tout en faveur de M. de M...; dans le peuple même, on disait : « Voilà un homme de cœur; aucun de nous n'aurait » eu son courage. » Je puis vous garantir l'authenticité de ces paroles.

» Les publications intéressantes sont rares ces temps-ci; aucun livre digne d'intérêt n'a paru depuis notre arrivée à Paris. D... affiche bien quelques brochures nouvelles, la plupart sont peu lues, et elles le méritent; d'autres cependant attirent l'attention. J'ai acheté ces jours passés une réfutation assez chaleureuse, je dirais même assez éloquente, du système de M. R....

» A côté des malheureuses pages de M. R..., on voit sous les galeries de l'Odéon un livre de M. Michelet, qui a pour titre *l'Amour*; je ne l'ai certes pas lu; quelques lignes de critique m'en ont écarté. Au dire du *Correspondant*, et même de la *Revue des Deux-Mondes*, quiconque a conservé quelques sentiments de pudeur ne peut jeter les yeux sur ce livre. M. Michelet s'y érige en *confesseur pour l'un et l'autre sexe* (ce sont ses propres expressions), et partant de ce principe, il dévoile au public tout ce qu'un honnête homme ne pourrait dire sans rougir. Voilà où en arrivent les hommes irréligieux! Ils commencent par nier Dieu, il leur fait ombrage; la religion, elle les gêne; et ils finissent par devenir des vieillards à qui on ne doit plus de respect, parce qu'ils ne respectent plus même leurs cheveux blancs, sans songer qu'ils ont déjà un pied dans la tombe. Oui, je vois toujours avec dégoût un homme âgé qui se donne les airs d'un jeune homme débauché.

» Tu déclames, me dirait-on. C'est possible, je déclame; mais au moins la déclamation est vraie, elle est l'expression de mes sentiments. Vous vous rangez de mon côté; il me semble vous entendre.

» L'autre jour vous auriez été content de moi, si vous m'aviez entendu discuter religion avec un jeune homme qui en a peu. Pendant près de trois heures il m'a fait passer devant les yeux toute la doctrine de Jules Simon; je l'ai réfuté pièce par pièce, grâce à votre vigoureux enseignement et aux conférences du P. M... Mais malheureusement, et c'est ce qui arrive après toute discussion, il s'est retiré aussi entêté qu'avant dans ses idées.

» M. Saint-M... continue son cours sur la Fontaine; il est plus que jamais petillant d'esprit. Je vous rendrais bien compte de ses leçons, mais je puis dire, comme un des interlocuteurs des Dialogues de Fénelon : « Ce sont cent belles choses » qui vous échappent; elles perdraient si on voulait » les répéter. » Rien n'est plus juste pour le cours de M. Saint-M... Chez lui, comme vous le savez, un geste, une inflexion de voix, enlèvent les applaudissements. Je n'ai pas le temps cette année de suivre d'autres cours; je suis accablé des procédures de Code civil, etc... J'ai de plus à m'occuper beaucoup d'une conférence de droit que nous venons de fonder, avec vingt autres jeunes gens de deuxième année; nos séances se tiennent à la mairie du XII⁰ arrondissement : c'est là que je vais me montrer beau, en y exposant toute ma science juridique. Je suis enchanté d'être d'une conférence de droit; c'est le moyen de travailler avec fruit, et surtout avec goût, ce qui est toujours un gage de succès.

» Si je m'écoutais, je n'en finirais plus; je remplirais pages et pages de choses sans doute bien insignifiantes, mais qui pourraient vous égayer un peu dans votre solitude, et vous distraire quelques instants de vos fatigues du noviciat. Ma mère m'écrit que vous êtes souffrant; serait-ce vrai? Répondez-moi aussi vite que possible et donnez-nous de vos nouvelles, mais je les veux bonnes. Tout le monde s'intéresse à vous, et chacun me charge de le rappeler à votre souvenir; je vais vous énumérer toutes ces personnes-là. . . . .

» Pour moi et Joseph, nous vous embrassons comme deux anciens élèves savent embrasser leur professeur après une longue absence.

» Votre élève soumis,

» ANDRÉ. »

« Je reprends la plume, car j'ai oublié bien des choses. Nous vous demandons de prier pour nous de plus en plus. Vous le savez, à mesure que l'on avance dans la vie, on a plus de charges à remplir et plus de périls à courir. Vos prières doivent être bien agréables à Dieu, puisqu'il voit toujours d'un œil favorable les congrégations, où chaque membre apporte sa part de force et d'amour, pour former un admirable ensemble. N'est-ce pas ainsi que parle le Psalmiste? *Ecce quam bonum, et quam jucundum habitare fratres in unum.* »

Tel était ce jeune homme, ardent pour le bien, plein de cœur, ferme dans ses convictions, et capable de tous les dévouements. Il n'y a que quelques jours, un des plus chers amis d'André, à la veille de partir pour Rome comme volontaire pontifical, m'écrivait :

« 4 décembre 1860.

» Monsieur,

» Je suis heureux de savoir que vous faites une notice sur André Palluat. Ce cher ami était par sa raison bien au-dessus de nous tous, quoique le plus jeune. Plein de généreuses aspirations pour l'avenir, quels rêves nous poursuivions ensemble dans nos promenades solitaires, le soir, le long des quais de la Seine, chacun se laissant aller à ses désirs et à ses espérances ! « Nous écrirons un jour dans la *Presse*, lui disais-je souvent ; tu feras, toi, les articles de politique et d'histoire, et moi ceux de critique littéraire. » Pauvres rêves de jeunesse ! Dieu en a décidé autrement. C'est aujourd'hui qu'André me fait défaut ; il serait assez mûr pour exercer sur moi une vraie influence. Je pars pour Rome, et en me voyant partir, M. et madame

Palluat sont profondément affligés ; ils pensent à celui qui aurait été mon frère d'armes.

» S. J. »

Le 31 décembre, sentant les premières atteintes du mal qui devait l'enlever si rapidement, André annonçait agréablement cette indisposition à sa grand'mère :

« Ma chère bonne maman,

» C'est bien mal terminer l'année que d'être triste le jour de saint Sylvestre. Eh bien, je ne puis être autrement, accablé que je suis par un violent mal de tête qui est venu ce matin me sauter au collet ; mais à mesure que je vous écris, il semble disparaître, tant j'éprouve de plaisir à vous renouveler cette année tous mes souhaits de petit-fils. Ma mère nous a donné de vous les meilleures nouvelles ; je ne souhaite donc qu'une chose, c'est de vous revoir à Pâques en aussi bon état de santé. On m'a dit que vous n'alliez pas encore à Lyon ; j'en suis très-content, car vous n'aurez pas au Coin la tentation d'aller à l'église sans votre voiture, ce que vous faisiez bien souvent, sinon toujours, à Lyon. Si j'étais à la place de Louis, je vous empêcherais de sortir à pied. C'est bien mal, me diriez-vous, à un petit-fils de vouloir ainsi s'opposer aux volontés de sa grand'-mère. C'est vrai, je l'avoue ; mais le motif n'est-il pas bon? Vous me pardonneriez en m'embrassant, j'en suis sûr.

» Notre premier jour de l'an se passera bien calme, ou, pour mieux dire, bien triste, bien ennuyeux; cela ne devrait pourtant jamais arriver, et pour cette fête de famille, pourquoi ne sommes-nous tous réunis autour de vous? Combien nous serions gais et joyeux! Vous savez que notre caractère n'est pas très-mélancolique, et qu'aussitôt que nous arrivons au Coin, on s'aperçoit vite qu'il y a de nouveaux oiseaux dans la cage. Pour le moment, ces oiseaux soupirent après le soleil; l'hiver leur a fait perdre leur voix, jusqu'au moment où l'été les ramenant dans leur vraie patrie, on les retrouve tels qu'ils ont toujours été et qu'ils seront toujours.

» Nous sommes très-fâchés contre maman : elle retarde indéfiniment son arrivée; ce sont sans cesse de nouvelles raisons, tantôt l'une, tantôt l'autre. Engagez donc ma mère à venir au plus tôt; soyez notre interprète auprès d'elle.

» Adieu, chère bonne maman; Joseph se joint à moi pour vous embrasser et vous souhaiter tout ce que disent nos deux cœurs.

» Votre petit-fils soumis,

» ANDRÉ. »

Le premier jour de l'an 1859 André fut très-souffrant; un violent mal de tête l'obligea de se coucher de bonne heure. Bientôt il fut pris de délire; et, malgré les assurances contraires des docteurs, son frère commençait à avoir des craintes sérieuses. Le 5 janvier, mercredi matin, à huit heures, pendant que Joseph allait au Luxembourg faire expédier une dépêche télégraphique à sa famille, le malade se trouva subitement plus mal. On se hâte d'avertir son confesseur. Celui-ci accourt aussitôt, et il arrive pour donner une dernière absolution à ce cher enfant expirant, qu'il n'avait pas même su malade.

Je vois encore ce prêtre auprès d'André, cherchant à découvrir si quelque signe de vie lui permet d'espérer; puis tombant à genoux devant ce corps inanimé, il prie jusqu'au retour de Joseph. Ce fut lui qui reçut dans ses bras ce frère désolé que la mort d'André frappait avec la soudaineté de la foudre.

Tout était fini pour cette vie, et Dieu avait appelé à lui cette âme si pure et toute rayonnante de jeunesse, de vie et de vertu chrétienne.

Son corps fut embaumé et transporté à Saint-Étienne, sous la conduite du confesseur, qui voulut accompagner jusque dans sa famille ce jeune homme qu'il avait beaucoup aimé.

Jamais je n'oublierai cet instant où le prêtre entra dans la chambre qui réunissait les parents et les amis d'André. Madame Palluat, avertie que le confesseur de son fils était là, va aussitôt au-devant de lui, et prenant ses mains, qu'elle baise avec respect : « Mon père, André est-il au ciel? — Oui, madame, ou au moins dans la voie du ciel. J'aimais votre fils comme un père aime son enfant; je connais cette âme; priez et ayez la plus grande confiance. » C'est un de mes plus consolants souvenirs, de me rappeler encore aujourd'hui ces paroles de l'Écriture lues affectueusement à cette mère désolée, comme l'expression de la miséricorde de Dieu :

« Quand même le juste mourrait d'une mort in-
» opinée, il se trouverait dans le repos. »

« Il a été enlevé de peur que son esprit ne fût
» corrompu par la malice et que l'artifice du mal
» ne séduisît son âme. »

« Le monde voit cette conduite sans la com-
» prendre, et il ne lui vient point dans la pensée
» que la grâce de Dieu et sa miséricorde sont sur
» ses saints et ses regards sur ses élus. »

Ce ne fut pas sans déchirement que M. et madame Palluat firent le sacrifice que Dieu demandait; mais la paix que donne l'espérance chrétienne les consola dans leur douleur.

Le jour de l'enterrement, toute la ville de Saint-Étienne accourut dans les rues que traversait le convoi. Les amis d'André se disputèrent l'honneur de porter jusqu'à l'église le cercueil qui renfermait ses restes mortels. Tous les fermiers de M. Palluat voulurent témoigner de leurs regrets en assistant aux funérailles. C'était plus qu'un deuil de famille : la mort de ce jeune homme revêtit la solennité d'un deuil public.

Le premier des Palluat, André entra dans le magnifique tombeau que venait de faire construire sa famille, et qu'il avait visité quelques mois auparavant.

Mais ce n'est plus sur la terre que nous devons le chercher : son âme vit en Dieu, et c'est en Jésus-Christ, le lien éternel des âmes chrétiennes, que notre amitié doit lui tendre la main.

ÉLOGE

DE

VAUVENARGUES.

Messieurs,

Depuis quelque temps, c'est-à-dire depuis les recherches intéressantes de M. Gilbert, on a parlé beaucoup de Vauvenargues; on a même beaucoup écrit sur ce moraliste philosophe qui a su si bien se gagner les cœurs. Il est donc bien juste maintenant que la Conférence la Bruyère vienne à son tour discuter les œuvres de ce grand homme et les diverses critiques dont il a été l'objet.

Avant d'avoir sous les yeux sa correspondance avec Mirabeau et Saint-Vincent, il n'y avait qu'un Vauvenargues. Nous le comprenions, je dirais presque avec quelque chose de mystérieux. Il était le sage rêvé par Zénon, ce sage qui n'a pas de passions, qui seul est fort, seul libre, ce sage, enfin, seul capable de mettre en pratique le devoir parfait, *officium perfectum* ou *sectum*, comme le dit Cicéron.

Je ne vous parlerai ni du moraliste ni de l'écrivain; d'autres l'ont fait avant moi avec plus de savoir et d'éloquence que je ne pourrais le faire moi-même. Je veux seulement vous entretenir du Vauvenargues nouveau, comme le dit M. Sainte-Beuve, de celui de l'histoire, de l'homme enfin avec ses vertus et ses passions, tel qu'il se découvre en conversant avec ses amis.

L'histoire et la vérité ne gagnent pas seules à cette découverte : les amis de Vauvenargues s'en réjouissent.

En effet, Messieurs, il est facile de le voir, plus Vauvenargues se révèle, se fait connaître tout entier à Mirabeau, et plus il prend le dessus sur son ami; il le domine. De même, plus nous connaissons les pensées intimes de Vauvenargues, plus il grandit à nos yeux; ses défauts ne servent qu'à faire ressortir ses belles qualités, et sa vertu triomphe des vices de son siècle. Mais je ne prends pas ici le mot *vertu* dans le sens de vertu chrétienne. Vauvenargues avait reçu, je le sais, une éducation religieuse; malheureusement, dans la carrière des armes, il oublia bientôt les principes qui avaient fait le charme de ses premières années. Cependant on trouve dans sa correspondance des mouvements religieux qu'on a appelés des *accidents de foi*. Enfin, M. Gilbert, écrivant à M. Sainte-Beuve, a peut-être dit avec justesse que ces accidents sont le signe d'une inquiétude qui exclut l'idée de l'*indifférence* ou de la *neutralité*. Vauvenargues, à vrai dire, était donc une de ces âmes pures et d'élite, vertueuse à la manière antique, parce qu'il aima toujours le bien, l'honnête, avec passion. Qui en douterait?

Je prends au hasard une lettre, et je lis :

« Lorsqu'on est assez heureux pour avoir de la
» vertu, c'est, à mon sens, une ambition très-noble
» que celle d'élever cette même vertu au sein de la
» corruption, de la faire réussir, de la mettre au-
» dessus de tout; d'exercer et de protéger des pas-
» sions sans reproche, de leur soumettre les obsta-
» cles, et de se livrer aux penchants d'un cœur
» droit et magnanime. »

C'est bien là l'accent d'une âme pure et droite, cependant il manque quelque chose à cette âme, c'est un souffle de foi qui la réchauffe. Il aurait trouvé alors dans ses croyances plus de force pour lutter contre le scepticisme de son époque qui voulait envahir son cœur, et y étouffer cette élévation de sentiment qui place Vauvenargues si haut dans notre estime. Cependant on a voulu lui ravir cette élévation de sentiment. On a dit : Vauvenargues était ambitieux, il aimait les honneurs et même l'argent. Mais fait-on un crime à un officier d'aspirer à un commandement supérieur? Il pensait trop aux moyens de se procurer de l'argent! Quoi de plus naturel, je le demande? Son père lui en envoyait fort peu, néanmoins sa position le forçait à beaucoup de dépenses; il était donc obligé de se procurer des ressources, et il le fit toujours avec une singulière délicatesse.

Vauvenargues était si peu ambitieux, qu'il ne voulait même pas se faire un nom dans les lettres, puisqu'il répond à Mirabeau : « Je me figure que » la gloire des belles-lettres ne s'acquiert que bien » tard et lorsqu'on n'en peut plus jouir. »

Vauvenargues, Messieurs, je vous l'accorde, était dévoré d'ambition, mais de cette ambition qui sert au déploiement des plus hautes facultés de l'être humain. Et en voici la preuve. Il dit quelque part :

« Souhaiter d'aspirer aux honneurs pour ré- » pandre le bien, pour s'attacher le mérite, le » talent, les vertus, pour se les approprier, pour » remplir toutes ses vues, pour charmer son in- » quiétude, pour exercer son génie et son talent » dans toutes ces choses, il me semble qu'à cela » il peut y avoir quelque grandeur. »

Faut-il s'étonner maintenant que Vauvenargues ait atteint jusqu'à l'éloquence? Son esprit était toujours occupé de grandes pensées et dominé par

les passions les plus nobles et les plus aimables; de
plus, il avait en lui la véritable source de l'éloquence, il avait du cœur.

Oui, Messieurs, le cœur est la véritable source
de l'éloquence, et je n'ai pas besoin de rappeler
ici les souvenirs de l'antiquité. Cette tribune, Messieurs, en a rendu d'assez beaux témoignages; et
tout récemment encore, un grand orateur plaidant
dans une cause que vous avez tous suivie avec intérêt et émotion, répondit à ceux qui applaudissaient
à son talent :

« Ce n'est pas du talent, c'est du cœur. »

Tels sont, Messieurs, les titres de Vauvenargues
à notre admiration; il fut l'ami et non le disciple de
Voltaire.

Il mourut jeune, vertueux et malheureux; voilà
pourquoi nous l'aimons.

ANDRÉ.

www.ingramcontent.com/pod-product-compliance
Lightning Source LLC
Chambersburg PA
CBHW061631060726
47597CB00005B/1890